VENTE
HOTEL DROUOT, SALLE Nº 11
Le Jeudi 27 Décembre 1906
à deux heures

EXPOSITION PUBLIQUE
Le Mercredi 26 Décembre 1906
de 1 h. 1/2 à 5 h. 1/2

MEUBLES ANCIENS ET MODERNES

TABLEAUX, DESSINS, GRAVURES

BRONZES D'ART & D'AMEUBLEMENT

Faïences et Porcelaines anciennes

OBJETS DIVERS — TAPIS

COMMISSAIRE-PRISEUR
Me GEORGES NORMAND
41, rue de la Victoire

EXPERTS
MM. PAULME & B. LASQUIN FILS
10, rue Chauchat | 12, rue Laffitte

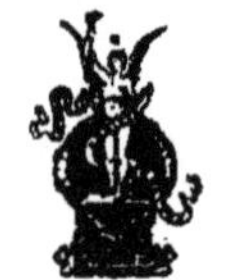

CATALOGUE

DE

MEUBLES

DES

ÉPOQUES ET DE STYLES LOUIS XV ET LOUIS XVI

Armoires normandes en chêne sculpté

TABLEAUX — DESSINS — GRAVURES

ANCIENS ET MODERNES

PAR : BÉRICOURT, BOURJOT, CHARLET, CORBIN, GAVARNI, TIMMERMANS
DES ÉCOLES ANGLAISE, FRANÇAISE ET HOLLANDAISE,
DES XVIIe ET XVIIIe SIÈCLES

Faïences et Porcelaines anciennes

De Chine, Mennecy, Sèvres, Berlin, — Biscuits

BRONZES D'ART ET D'AMEUBLEMENT

PENDULES

Importante garniture de cheminée en bronze de style Louis XVI

MOBILIER DE SALON

EN TAPISSERIE D'AUBUSSON STYLE LOUIS XVI

Objets divers, Argenterie, Armes, Bois sculptés, Glaces,
Appareils photographiques, Tapis.

DONT LA VENTE AURA LIEU

HOTEL DROUOT, SALLE N° 11

Le Jeudi 27 Décembre 1906, à 2 heures précises

COMMISSAIRE-PRISEUR
Me GEORGES NORMAND
41, rue de la Victoire

EXPERTS
MM. PAULME et B. LASQUIN FILS
10, rue Chauchat | 12, rue Laffitte

Chez lesquels se distribue le présent Catalogue

EXPOSITION PUBLIQUE

Le Mercredi 26 Décembre 1906, Salle n° 11, de 1 h. 1/2 à 5 h. 1/2

CONDITIONS DE LA VENTE

Elle sera faite au comptant.

Les adjudicataires payeront *dix pour cent* en sus des enchères.

L'Exposition mettant le public à même de se rendre compte de l'état et la nature des objets, il ne sera admis aucune réclamation après l'adjudication prononcée.

Paris. — Imp. de l'Art, E. Moreau et Cie, 41, r. de la Victoire.

DÉSIGNATION

TABLEAUX

GRAVURES, DESSINS

BÉRICOURT (Etienne)

1 — *Scènes de rue.*

Quatre dessins aquarellés.

BOURJOT (F.)

2 — *Vue de Dijon, de Naples et Italie.*

Quatre dessins, crayon et lavis.

CHARLET

3 — *Soldats au confessionnal.*

4 — *Bivouaque de soldats dans une église.*

Deux lithographies.

5 — Trois dessins, par G. Girodon : *Jeanniot et Louis Uimans.*

CORBIN

6 — *Portrait d'Homme.*

Grande miniature.

GAVARNI

7 — Un dessin de caricature, aux crayons de couleurs.

Signé. Daté : *1839.*

METSU

8 — *Scène galante.*

Aquarelle.

TIMMERMANS (L.)

9 — *Marine.*

Voilier rentrant au port. Peint sur bois.

ÉCOLE ANGLAISE

10 — *Portrait de Jeune Femme, en robe blanche, coiffée d'un grand chapeau; fond de paysage.*

Toile.

ÉCOLE FRANÇAISE (XVIIe SIÈCLE)

11 — *Figure de Sainte Femme.*

Petite peinture sur bois.

ÉCOLE FRANÇAISE (XVIIIe SIÈCLE)

12 — *Portrait de Femme.*

Cadre ovale en bois sculpté.

ÉCOLE FRANÇAISE (XVIIIe SIÈCLE)

13 — *Justice et humanité.*

Deux gravures en couleur.

14 — *Ah! si je te tenois.*

Ah! comme t'en tien.

Deux petites gravures en bistre.

ÉCOLE FRANÇAISE

15 — *Vénus et l'Amour.*

Dessin au crayon et pastel.

16 — *Jeune Femme nue auprès d'un cours d'eau.*

Toile.

17 — *Une Vente aux enchères publiques.*

Toile.

ÉCOLE FRANÇAISE

18 — *Paysage avec rivière, pont et pêcheurs.*

Toile.

ÉCOLE FRANÇAISE

19 — *Paysage avec habitation, au bord d'un torrent.*

Grande gouache.

ÉCOLE HOLLANDAISE (XVIIe SIÈCLE)

20 — *Le Festin des singes.*

Toile.

21 — *Petit Portrait de Femme en riche costume, orné de pierres de couleur et perles.*

Bois.

ÉCOLE MODERNE

22 — *Paysage.*

Toile.

23 — Gouache ancienne dans un cadre en bois.

24 — Deux gravures anglaises, anciennes. Manière noire.

25 — Peinture sur papier.

Cadre Louis XV.

26 — Deux gravures : *Portrait de Napoléon le Grand*, d'après E. Bourgeois, et *Ulysse se préserve des enchantements de Circé.*

Gravures en couleur, par Debucourt.

FAIENCES ET PORCELAINES

27 — Deux petites potiches, deux compotiers et une assiette en faïence de Delft et du Midi.

28 — Le Savetier et la Racommodeuse. Deux groupes en faïence de Niederviller.

29 — Statuette de Saint en ancienne faïence décorée.

30 — Grande potiche en faïence de Nevers.

31 — Dix-sept assiettes et deux plats en ancienne faïence de Rouen et de Strasbourg.

32 — Trois encriers et un porte-bouquet en ancienne faïence.

33 — Petite plaque ronde en porcelaine, à décor d'après Teniers.

34 — Deux jardinières en ancienne faïence.

35 — Petit pot en faïence orientale, décor à rayures bleues et blanches.

36 — Deux assiettes en ancienne porcelaine de Chine de la famille rose.

37 — Jardinière de forme hexagonale en porcelaine de Chine, pied en bois.

38 — Divinité chinoise en grès, partiellement émaillé.

39 — Un pot à anse, une tasse et sa soucoupe en porcelaine de la Compagnie des Indes et une petite potiche en porcelaine de Chine.

40 — Deux bouddhas articulés en porcelaine de Chine, décorée au naturel, avec robe à fleurs.

41 — Grande cuvette en porcelaine de Chine.

42 — Deux grandes petiches en porcelaine de Chine.

43 — Grande vasque en porcelaine de Chine, décor à sujet familier.

44 — Tasse et sa soucoupe en ancienne porcelaine tendre de Mennecy, à décor de fleurs.

45 — Fontaine en porcelaine blanche. Epoque Louis XV.

46 — Soupière et couvercle en ancienne porcenaire blanche de Sèvres.

47 — Plaque ovale en ancien biscuit, bas-relief à personnages.

48 — Petite statuette de femme assise sur une terrasse, rocaille en ancienne porcelaine blanche.

49 — Deux petits socles en porcelaine blanche à filets or.

50 — Deux statuettes d'homme et de femme sur socles carrés en ancienne porcelaine blanche de Berlin.

51 — Cinq pots à crème en porcelaine de Vienne, à spirale en relief et décor à fleurs.

52 — Vase-gourde à deux anses en porcelaine, orné de mascarons en relief et ajouré, à décor de fleurs en couleur et or. *Marque Ficher, Budapest.*

53 — Paire de beaux vases en porcelaine de Sèvres, fond bleu, avec réserves à sujet de fleurs et pastoral sur fond blanc, avec anses formées de femmes terminant en gaine, en dorure.

54 — Deux statuettes en porcelaine décorée: Marchande de fruits et Pêcheur.

*

55 — Service à thé en porcelaine de Limoges, composé d'une thière, un sucrier, quatre tasses et soucoupes.

56 — Miquette, chienne griffon, en biscuit. Signé *A. Carrier*.

OBJETS DIVERS

ARGENTERIE — BOIS SCULPTÉ
ARMES, ETC.

57 — Montre Louis XV en or repoussé, sujets à petits personnages.

58 — Petite verseuse en argent. Époque Empire.

59 — Six petites cuillères en argent doré.

60 — Deux boucles Louis XVI en strass.

61 — Petite pendule en bois. Empire.

62 — Coffret ancien en cristal, taillé à pointes de diamants.

63 — Coupe à fruits ancienne en cristal, taillé à pointe de diamant.

64 — Six verres à liqueur, en cristal, monture en argent doré. Louis XVI.

65 — Nécessaire de voyage, en cuir rouge, avec garniture en argent.

66 — Deux salières en pouponne. Époque Louis XVI.

67 — Clef de montre en or, ornée d'une grosse pierre de couleur.

68 — Nécessaire de deux flacons en nacre, avec incrustations d'or. Époque Louis XVI.

69 — Coffret en cuir ciselé, en partie dorée avec anneaux et entrée de serrure en cuivre. Époque Louis XIII.

70 — Statuette de Vierge et Enfant Jésus en bois sculpté du XVIIe siècle.

71 — Petit reliquaire en forme de triptyque en bois peint et doré.

72 — Fragment de bois sculpté, peint et doré, orné de trois têtes d'anges. Époque Louis XIV.

73 — Christ en ivoire, dans un cadre en bois sculpté doré, à fond de glace. Époque Louis XIV.

74 — Statuette de femme en bois sculpté. Epoque Louis XIII.

75 — Vierge et Enfant en bois sculpté, peint et doré.

76 — Vierge, tenant le Christ couché sur ses genoux ; grand groupe en bois sculpté. Fin du XVIe siècle.

77 — Statuette de Saint-Sébastien en bois sculpté et peint du XVIIIe siècle.

78 — Coffret oriental en marqueterie de bois et os.

79 — Boîte orientale, peinte au vernis.

80 — Coffret en bois, orné de plaques en cuivre repoussé et argenté. Style gothique.

81 — Paire de chenets en cuivre. Epoque Louis XIII.

82 — Coffret en bois mouluré, avec pelote à épingle sur le couvercle. Époque Louis XIII.

83 — Petit cadre de miroir, de forme ronde, en fer et bronze.

84 — Brosse avec dessus en bois, décoré au vernis. XVIIIe siècle.

85 — Socle de pendule en bois noir, avec bronze de style Louis XIV.

86 — Ange en bois sculpté doré. Époque Louis XIII.

87 — Coffre, décoré au vernis, renfermant deux boites à thé.

88 — Deux chutes en bois sculpté. Louis XIII.

89 — Porte de meuble en bois sculpté du XVIe siècle.

90 — Semainier en cuivre ciselé doré. Époque de la Restauration.

91 — Verre d'eau Empire en cristal taillé.

92 — Deux supports de potiche en terre cuite, émaillée.

93 — Grand cadre doré, or fin, pour tableau.

94 — Buste d'homme en plâtre. Epoque de la Restauration.

95 — Papeterie Boule, avec encrier en faïence décorée.

96 — Trousse de voyage complète, formant valise en peau de porc, accessoires en ivoire, cristal et argent.

97 — Surtout de table Louis XVI, à fond de glace.

98 — Trois serrures de coffre en fer. Epoque de la Renaissance.

99 — Paire de pistolet Louis XIV, avec ornements en fer ciselé et argenté.

100 — Trois petits pistolets et un couteau de chasse.

101 — Hache et masse en bois, deux poignards orientaux.

102 — Un tromblon de l'époque Louis XV.

103 — Autre tromblon, avec crosse en bois richement sculpté, incrusté d'argent, canon en fer, ciselé et damasquiné d'argent. Epoque Louis XV.

104 — Bouquet de fleurs en bois sculpté. Signé *A. S.*

105 — Ancien cadran d'horloge en fer et bronze.

106 — Grande boîte plate en acajou.

107 — Deux bons appareils photographiques.

BRONZES, PENDULES

108 — Pendule en bronze doré Louis XVI. Cadran signé : *Lepaute.*

109 — Petite pendule Louis XVI, à colonnettes.

110 — Cartel en bronze doré. Epoque Louis XVI.

111 — Importante garniture de cheminée, de style Louis XVI, en bronze doré, composée d'une pendule, sujet de trois amours avec colombes, carquois et branchages, et de deux candélabres à sept lumières, formés chacun de branchages soutenus par deux amours.

112 — Deux girandoles Louis XVI en bronze argenté.

113 — Garniture de cheminée, de style Louis XV, en bronze doré.

114 — Paire de chenets en bronze ciselé, doré, de style Louis XVI.

115 — Plusieurs petits flambeaux anciens.

116 — Lot de bronzes divers.

117 — Paire de flambeaux en bronze doré. Empire.

118 — Buste de jeune fille en bronze patiné. Signé : *Cana.*

119 — Statuette de Don César de Bazan en bronze patiné, de E. Picault.

120 — Bronze chinois, en forme de terrasse, avec tronc d'arbre et animaux divers.

121 — Garniture de foyer, avec pelles et pincettes

MEUBLES

ANCIENS ET MODERNES

122 — Salon, de style Louis XVI, en bois sculpté et doré, recouvert en tapisserie d'Aubusson, dessins à bouquets de fleurs ; il se compose d'un canapé et quatre fauteuils.

123 — Table tric-trac en acajou, formant bureau en acajou, à pieds fuselés à cannelures, avec jetons en ivoire. Epoque Louis XVI.

124 — Armoire normande en chêne sculpté.

125 — Bureau à dos d'âne en marqueterie de bois. Louis XV.

125 *bis* — Grande cheminée en bois sculpté, époque Renaissance, dessin à feuillages ornés de cariatides de femmes.

126 — Petite table Louis XVI en acajou.

127 — Secrétaire Louis XVI en acajou.

128 — Tric-trac Louis XVI en bois de placage.

129 — Petite commode à bijoux en bois de placage. Epoque Louis XVI.

130 — Petite commode à bijoux en bois de placage. Empire.

131 — Commode Louis XV en bois de violette.

132 — Guéridon à un pied en bois de placage, galerie de cuivre. Epoque Louis XVI.

133 — Commode en marqueterie de bois de rose. Epoque Louis XVI.

134 — Console, de l'époque Louis XVI, à quatre pieds; dessus de marbre.

135 — Table de jeu en bois de placage. Epoque Louis XV.

136 — Petit modèle de commode, à trois tiroirs, en bois de placage. Epoque Louis XV.

137 — Ecritoire, en forme de petit bureau à abattant, en bois mouluré. Epoque Louis XV.

138 — Console d'appui à un pied en bois sculpté doré et peint, à décor de feuillages. Epoque Louis XV.

139 — Table-bureau en bois d'acajou, avec tiroir et tablettes à glissettes. Epoque Louis XVI.

140 — Porte-queues de billard en acajou.

141 — Porte-carton en acajou avec filet. Époque de la Restauration.

142 — Guéridon en bois doré, avec dessus de marbre.

143 — Vaissellier portatif hollandais, en partie ancien.

144 — Petit bureau de dame, de style Louis XVI, en bois de rose.

145 — Table-guéridon, de style Louis XVI, en acajou, galerie et dessus de marbre.

146 — Meuble d'appui en laque, fond capucin, à décor de personnages et oiseaux dans un paysage. Ouvre à deux portes. Orné de bronze.

147 — Paravent à quatre feuilles en noyer sculpté, partie inférieure garnie d'étoffe et glace à la partie supérieure.

148 — Un petit canapé et un fauteuil, de style Louis XVI, en bois sculpté, laqué gris, dossier décoré de guirlandes de fleurs, soutenues par des amours. Couvert en soie brochée à fleurs.

149 — Un lit et une toilette en palissandre.

150 — Grand sofa en peluche.

151 — Psyché en bambou noir.

152 — Toilette-lavabo en chêne ciré, avec glace et réservoirs.

153 — Petite bibliothèque tournante en noyer.

154 — Très petite bibliothèque tournante en acajou.

155 — Pupitre à dessus et un chevalet en chêne.

156 — Banquette en bois vernis, couvert d'étoffe à rayures, formant chaise longue et bidet.

157 — Socle, support en noyer sculpté, dessus de marbre.

158 — Porte-manteaux en bois, laqué blanc.

158 *bis* — Chambre à coucher en bois noir sculpté, composée d'un lit de milieu, une armoire à glace et une table de nuit.

TAPIS

159 — Petit panneau en tapisserie au point, décor de bouquet de fleurs.

160 — Petite tapisserie en deux parties, à sujet d'enfant et chèvre.

161 — Grand tapis-moquette, fond couleur marron et bordure bleue.

162 — Deux petites carpettes orientales.

163 — Petite carpette en moquette, dessus de fleurs et rinceaux, sur fond rouge.

164 — Petite carpette de Smyrne.

165 — Petit tapis de prière de Tamacha.

166 — Grand tapis de Caramani.

167 — Tapis de table en soie, brodée or et argent.

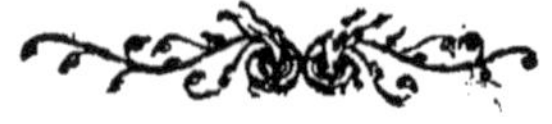

www.ingramcontent.com/pod-product-compliance
Ingram Content Group UK Ltd.
Pitfield, Milton Keynes, MK11 3LW, UK
UKHW020542180726
13839UKWH00006B/2674